오늘이 꽃이다

오늘이 꽃이다

초판 1쇄 인쇄일 2017년 8월 21일
초판 1쇄 발행일 2017년 8월 27일

지은이 정해남
펴낸이 양옥매
디자인 박무선 송다희

펴낸곳 도서출판 책과나무
출판등록 제2012-000376
주소 서울특별시 마포구 방울내로 79 이노빌딩 302호
대표전화 02.372.1537　**팩스** 02.372.1538
이메일 booknamu2007@naver.com
홈페이지 www.booknamu.com
ISBN 979-11-5776-466-2(03810)

이 도서의 국립중앙도서관 출판시도서목록(CIP)은 서지정보유통지원 시스템
홈페이지(http://seoji.nl.go.kr)와 국가자료공동목록시스템
(http://www.nl.go.kr/kolisnet)에서 이용하실 수 있습니다.
(CIP제어번호 : CIP2017020877)

*저작권법에 의해 보호를 받는 저작물이므로 저자와 출판사의 동의 없이 내용의 일부를
　인용하거나 발췌하는 것을 금합니다.
*파손된 책은 구입처에서 교환해 드립니다.

오늘이 꽃이다

산정 정해남 시집

머리글

소곤소곤 작가의 말

하늘을 믿습니다
꿈을 믿습니다
결과를 믿습니다

일찍이 맛본 오랜 기억
하늘만 보이는 깊은 가난

한 발 한 발
묵묵히 가다 보니
어느새 산마루

주경야독이
착한 '키다리 아저씨' 같이 손을 잡아 줘
느지막이 대학원을 마치고 문단 등단
이어 화단에 등단했습니다

시가 무엇인지

갈수록 어렵고 부끄럽지만

또 용기를 내어 제3집을 출간하게 되어

가족들과 친지는 물론

한국작가와 성남문협의 여러 선생님들께

고마운 마음을 전합니다

2017년 녹음 짙은 한더위 8월에

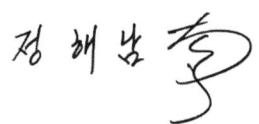

차례

머리글 · 소곤소곤 작가의 말　　　　　　　　　　 · 04

/ 1부 /
오늘이 꽃이다

오늘이 꽃이다 1	· 12	오늘이 꽃이다 15	· 28
오늘이 꽃이다 2	· 13	오늘이 꽃이다 16	· 30
오늘이 꽃이다 3	· 14	오늘이 꽃이다 17	· 31
오늘이 꽃이다 4	· 15	오늘이 꽃이다 18	· 32
오늘이 꽃이다 5	· 16	오늘이 꽃이다 19	· 33
오늘이 꽃이다 6	· 18	오늘이 꽃이다 20	· 34
오늘이 꽃이다 7	· 19	오늘이 꽃이다 21	· 35
오늘이 꽃이다 8	· 20	오늘이 꽃이다 22	· 36
오늘이 꽃이다 9	· 22	오늘이 꽃이다 23	· 37
오늘이 꽃이다 10	· 23	오늘이 꽃이다 24	· 38
오늘이 꽃이다 11	· 24	오늘이 꽃이다 25	· 39
오늘이 꽃이다 12	· 25	오늘이 꽃이다 26	· 40
오늘이 꽃이다 13	· 26	오늘이 꽃이다 27	· 42
오늘이 꽃이다 14	· 27		

/ 2부 /

벗에게 보내는 편지

편지 1 . 담쟁이 넝쿨 · 44
편지 2 . 벌새 · 45
편지 3 . 굼벵이 · 46
편지 4 . 달팽이 · 48
편지 5 . 허수아비 · 50
편지 6 . 게 · 51
편지 7 . 풍선 · 52
편지 8 . 시계 · 53
편지 9 . 흙 · 54
편지 10 . 연어 · 55
편지 11 . 달 · 56
편지 12 . 누에 · 58
편지 13 . 국화 · 59
편지 14 . 거북 · 60
편지 15 . 팽이 · 62
편지 16 . 누름돌 · 64
편지 17 . 돼지 · 66
편지 18 . 도전 · 69
편지 19 . 가난 · 70
편지 20 . 길 · 71
편지 21 . 뒷담화 · 72
편지 22 . 능력 · 73
편지 23 . 진리 · 74

/ 3부 /
그대는 꽃이다

그대는 꽃이다 · 76	아내를 위한 노래 · 87
나가라 · 77	바람에 부치는 편지 · 88
눈이 되고 싶다 · 78	묘비명 · 89
언제 한번 · 80	우산 · 90
모란시장에서 · 82	보험 · 92
세월 1 · 83	여보게 친구 · 93
세월 2 · 84	아빠 찾아 삼만 리 · 94
일찍이 타 버린 꽃 · 85	

/ 4부 /
의젓하게 살자

의젓하게 살자 · 98	두더지 게임 · 107
종은 울려야겠다 · 99	그냥 즐겁게 · 108
도전 · 100	'또와' 집에서 · 109
청명 · 101	아트센터에서 · 110
비빔밥 · 102	녹색 불 · 111
잡초 · 103	물빛 공원에서 · 112
따로국밥을 먹으면서 · 104	빨래 · 113
자화상을 그리며 · 105	껌 딱지 · 114
백내장 수술 · 106	바람 미치는 곳까지 · 115

/5부/
나의 기도

감사합니다	· 118
감사하게 하소서	· 119
아침 기도	· 120
어머니들이시여	· 121
옛 신학교 순례 후기	· 122
용서의 기도	· 124
고백의 기도	· 125
영성체	· 126
사랑하라	· 127

예수는 죄인	· 128
꽃동네	· 129
점등	· 130
두통 오던 날	· 131
닮게 하소서	· 132
징검다리의 기도	· 133
개인 피정	· 134
바보 닮기	· 135

맺음말 · 귓속말 · 136

/ 1부 /

오늘이 꽃이다

오늘이 꽃이다 1

꼬끼오~!
영혼을 깨우는 소리
정유년 새해 새날 첫걸음
꿈의 환호를 외친다

붉은 닭 홰치듯 힘차게
가자
기쁨으로

평생을 엮는 가장 좋은 선물
미루지 말고
밀리지 말고
꽃을 피우자

오늘이 꽃이다
오늘이 좋다

오늘이 꽃이다 2

드넓은 세상 살다 보면
홀로 젖을 때가 많아
세찬 바람 언덕에 있다고
움츠린 어깨는 그대답지 않아

좀 부족해도 괜찮아
누구나 실수는 있어

하늘을 봐
세상이 싫다고 이불을 뒤집어써도
해 뜬 오늘이 좋다
험한 파도도 나를 꺾지 못해

오늘 잘할 거야
오늘이 꽃이야
오늘이 좋아

오늘이 꽃이다 3

창 너머
상쾌한 바람 속에

햇살 같은 소녀도
착한 키다리 아저씨도
구부정 할머니도 오고 간다

바람과 바람 사이
나무와 나무 사이
사람과 사람 사이

사랑한다고
사랑하자고
곱씹는 언어들이 오고 가는

오늘이 꽃이다
오늘이 참 좋다

오늘이 꽃이다 4

내 발로 걸어서 성당에도 갈 수 있고
내 손으로 보글보글 라면을 끓이고
내 입술로 첫눈 같은 그리움을 노래하며
내 귀로 맑은 새소리 물소리를 듣고
내 눈으로 노을 지는 바다를 볼 수 있는 오늘

흘러가 버린 강물 같은 어제는
나에게 꽃 한 송이 선물해 주지 않았고
짙은 안개로 덮인 내일은
돌아서며 떠나 버릴 믿지 못할 바람이어라

그래도 눈떠 숨 쉬며
땀과 눈물이 다독거려 주는
오늘이 꽃이다
오늘이 참 좋다

오늘이 꽃이다 5

차가운 바람 등 시린 날에도
이불을 안고 포근히 잤다

나도 다른 사람을
포근하게 할 수 있을까

문득
누군가가 나를 말없이
지금도 덮어 주고 있다는 생각이 든다

울컥 치미는 감사
참으로 기쁨이요 영광을 느끼는
오늘이 꽃이다
오늘이 좋다
참 좋다

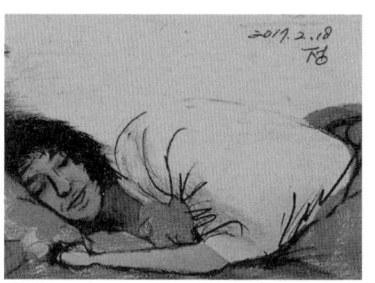

오늘이 꽃이다 6

조금 더 참을 걸
바람결의 가지처럼 포기하지 않는 오늘

조금 더 잘해 볼 걸
유리창의 빗방울처럼 슬퍼하지 않는 오늘

제때에 학교를 못 다녔다고
집안이 가난하다고
부모 형제의 도움을 못 받았다고
탓하지 말자

그래 괜찮아
좀 뒤처졌어도

한 걸음 한 걸음 엮어 가는
오늘이 꽃이다
오늘이 참 좋다

오늘이 꽃이다 7

모 방송 강연 100°c
한국 생활 13년차 베트남 출신 호지완
참으로 열심히 한 가사와 학업

오늘 못하면
평생 후회할 것 같은 말

"미안합니다"
"고맙습니다"
"사랑합니다"

오늘 이까짓 것이라고 무시해도
오늘이 최고야
오늘, 지금 못 풀면 평생 못 풀 선물(PRESENT)

신들린 것처럼 풀어야 할 오늘
풀 수 있는 오늘이 좋다 참 좋다

오늘이 꽃이다 8

로또 당첨 확률 814만 분의 1
벼락 맞을 확률 70만 분의 1

미국의 칼 마이즈는 45살까지
네 번 벼락을 맞았다는데
로또 같은 행운인가
재수 더러운 불운인가

행복하다고 느꼈으면 행운일 터고
불행하다고 느꼈으면 불운일 것이다

행복과 불행 긍정과 부정은
오로지 자기 판단 자기 선택
오늘도 긍정으로

신나라

신나라 하면서

신나게 사는 오늘

오늘이 좋다

오늘이 꽃이다 9

청량한 아침 공기로 눈 비비며 시작하는 오늘
맑은 이슬로 투명하게 피어난 오늘
살랑 한 줄기 바람으로 찾아온 오늘
달콤한 체리 색 그대의 웃음이 기다려지는 오늘

하얀 도화지 24장을
내 연필
내 색깔로
행복을 멋지게 그릴 수 있는 오늘이
진짜 좋다 많이 좋다
참 좋다

오늘이 꽃이다 10

화 안 내고
쌍스런 소리 안 하고
작은 미소로

뒷담화 절대 안 하고
칭찬을 많이 한 오늘

술은 멀리
책은 가까이한 오늘
꽃이 피었다

오늘이 좋다
참 좋다

오늘이 꽃이다 11

먼 훗날 망각의 늪에서
숨겨진 일기를 더듬을 때

백 년을 빌려 와
하루를 1년 같이
1년을 하루 같이

후회 없도록 꿈꾸고
후회 없도록 사랑하고
후회 없도록 살았다고

잘했어요 잘했어
빨간 동그라미 크게 다섯 개

내가 나에게 상을 준
오늘이 꽃이다
오늘이 참 좋다

오늘이 꽃이다 12

연세가 지긋하신 이웃 할머니
춘추를 여쭈니
무슨 말인지 모르겠다고
빠진 이를 드러내 놓고 그저 수줍어하신다

털끝만큼도 셈하지 않는
잔잔한 미소
소소한 일상의 행복이 묻어 나오는
오늘이 좋다 그냥 좋다
참 좋다

오늘이 꽃이다 13

빤토하 신부가 쓴 칠극(七克)이란 책
교만, 질투, 인색, 분노
얼을 뺏기는 음주가무와 음탕한 짓과
착한 일을 게을리해서는 안 됨을 알아야 하는
오늘이 꽃이다

이겨 내려고
겸양, 사랑, 나눔, 인내를 갖고
집착을 버리고
욕망을 끊는 오늘

오늘을 이기고
오늘을 꽃 피운 날
오늘이 좋다
참 좋다

오늘이 꽃이다 14

고운 아침 햇살 희망으로
반갑다고 꼬리치는 강아지와
무거운 겨울을 이겨 낸 화분을 본다

뭔가 이룰 수 있을 것 같은 오늘
기쁨이 전해 올 것 같은 오늘
설레어서 좋은 오늘

바람 부는 날에도 해가 뜨고
비가 와도 밝아 오는
오늘이 꽃이다
오늘이 좋다
참 좋다

오늘이 꽃이다 15

커피를 마신다
삶의 깊이만큼
목을 촉촉이 휘돌아
쌉쌀함 뒤에 오는 달콤함

흔들리는 가지
가는 곳마다 받침돌만 있으리라 믿지 않는다
걸림돌을 주춧돌 삼아
신발 끈을 동여매고

날개를 펼 수 있는 오늘이 꽃이다
오늘이 참 좋다

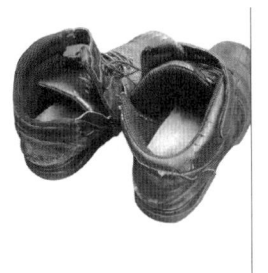

그대 아닌 누가
미소한 나와 함께
걸었던기

_ 제1집 '별까지 걸어서' 중

오늘이 꽃이다 16

조각조각 작은
순간을 엮어
없는 길은 내고
있는 길을 닦으면서
비싸게 펼칠 수 있는
오늘이 아름답다

비싸서 좋은 오늘
아름다워서 좋은 오늘
오늘이 꽃이다
오늘이 참 좋다

오늘이 꽃이다 17

서로 마주하니 좋다
자꾸 웃으니까 좋다
먼저 양보하니 좋다
그냥 좋아하니 좋다

좋다 좋다 하니 더 좋다
좋은 오늘이 꽃이다
오늘이 참 좋다

오늘이 꽃이다 18

딩굴뎅굴
따뜻한 침대에서 눈을 뜨니
책장도 그대로
커튼도 그대로
참으로 편하다

소파에서 발 쭉 뻗고
리모컨을 이리저리

평범한 일상
소박한 밥상

잔잔한 행복에 대해
뜨거운 감사를 드릴 수 있는
오늘이 꽃이다
오늘이 좋다
참 좋다

오늘이 꽃이다 19

하얀 첫눈 같은 그대가 좋다
떠나간 이가 봄비 같아 좋다
살랑살랑 살갗을 스치는 바람이 좋다
눈부신 목련이 좋고
향 짙은 프리지어가 좋고
파란 하늘이 좋고
귀를 간질이는 노래가 좋고
아롱다롱 그림이 좋다

오늘이 좋다
참 좋다

오늘이 꽃이다 20

부르면 터질 듯
문득
그리운 이가

꽃을 들고 달려올 것 같이
어딘가
보이는 듯 보이는 듯
느낌 있는 햇살

내 안에 혀처럼
사방에 펼쳐 있는 사랑을
내 마음대로
그저 주워 담을 수 있어 좋다

마냥 좋은
오늘이 꽃이다
오늘이 참 좋다

오늘이 꽃이다 21

거북등이 된 저수지
농부의 가슴이 숯이 된 지 오래
반가워라 빗방울
창에 부딪치는 톡톡 소리에
창문을 연다

푸른 잎들 사이
달팽이도 좋아라 신이 났고

부지런한 출근길
형형색색 우산이
아름다운 아침

오늘 꽃이다
오늘이 참 좋다
마냥 좋다

오늘이 꽃이다 22

아무리 찌든 세상
취직하기 힘들고 방 구하기 힘들어도

이 순간순간
어느 곳에서 뭘 하든지

나의 권리를 누릴 수 있는
하루를 보석처럼 꿰다 보면

오늘이
명함이 되고 꽃이 되어
벌 나비 찾아온다

들꽃처럼 살자

오늘이 좋다
참 좋다

오늘이 꽃이다 23

종이컵 하나도 아무 데나 버리지 못하는 나
새털 같은 거짓말에도 끙끙 앓는 나
화끈하게 욕 한 번 못해 보는 나
드라마 보면서 질질 짜는 못난이 나지만

배고프면 먹고
머리 길면 자르고
걷고 싶으면 걷고
하품하고 트림할 수 있는 것에 대해

하루하루 하나하나
감사로 피울 수 있는
오늘이 꽃이다
오늘이 좋다
참 좋다

오늘이 꽃이다 24

아내의 목덜미에
파랗게 부황 뜬 자국이 있던 날 아침
살그머니 주방으로 가서
향이 좋은 세제로 설거지를 한다

하는 일마다
향기롭게
매끌매끌 잘되기를 바란다

깨끗해진 그릇이 곱다
청결하게 출발한 오늘
오늘이 좋다
참 좋다

오늘이 꽃이다 25

"거 뭐시냐? 등 푸른 것이
몸에 겁나게 좋다고 한디…
고등어를 조금 보냈으니,
신 김치에다가 지져 먹으면
징하게 맛나~!"
하시는 것이었다

그래요, 멀리 객지 동생 고단한 삶
짜글짜글 지져
맛깔스럽게 열심히 살겠습니다

마을 어귀 지켜보는
든든한 당산나무 누님
비바람 막아 주는 우산 같은 누님한테
전화 받은 오늘이 좋고
누군가에게 안부를 물을 수 있는 오늘이
참 좋다

오늘이 꽃이다 26

아침 눈을 뜨니
빼꼼한 창문 틈새 찬 공기가 좋고
침상 옆에 읽다 둔 책이 좋고
벽에 붙은 가족사진이 좋은 오늘
세탁기 돌아가는 소리가 좋고
밥 짓는 냄새가 좋은 오늘

그토록 자식들 잘되기를 기도하시다가 가신
부모님의 간절한 그 하루의 오늘

오줌주머니를 옆구리에 달고서도
하루하루를 애착하신
하늘나라 이뻬* 누님의 그 하루의 오늘

---

* 이뻬 – 누님의 애칭

아무 의지할 곳 없는 객지에서
어린 두 딸을 두고 설움을 마감한
형님의 그 하루의 오늘

밤새 한마디 못하고 멀리 간
청춘 동생의 그 하루의 오늘을

내일이면 내일이 없을 것처럼
내일이면 나도 없을 것처럼
미친 듯 오늘을 살리라

가족이라는 이름으로
뜨겁게 기도할 수 있는

오늘이 꽃이다
오늘이 좋다 참 좋다

오늘이 꽃이다 27

퇴근길
가파른 언덕 위
성당을 찾는다

무릎 꿇고
눈을 감고
손 모으고

그저
그냥
당신의 손길에 의탁한다

기도할 수 있는 오늘이 꽃이다
당신과 함께한 오늘이 좋다
참 좋다

/ 2부 /

벗에게
보내는 편지

편지 1.
– 담쟁이 넝쿨

벗아,
어느 날 갑자기
눈앞에 나타난 높은 벽 앞에
다리가 휘청거리더라

이럴 때는
지나가는 한 줄기 바람이라도 잡고
흘러가는 물에게라도 도움을 청하고 싶더라

이제
찬바람이 거세더라도
서로
디딤돌 되고 받침돌 되어

아픔을 두레박질해 가면서
우리 손 꽉 잡고 함께하자

편지 2.
– 굼벵이

굼벵이는
다들 서둘러야 한다고 할 때도
자기만의 독특한 느림으로
먼 훗날 그늘에 앉아 노래할
자기의 새 세상을 꿈꾼다

빠른 세상이지만
뒤처졌다고 조급해하지 말고
때로는 적당히 쉼표를 즐겨라
빠른 듯 느리게
느린 듯 빠르게

변명은 한여름에 옷 벗듯
저 멀리 벗어던지고
각진 박제를 탈피하여
자기만의 칼을 갈아라
이것이 살길이다

편지 3.
– 벌새

벗아,
하늘도 안 보이는 첩첩산중
맨몸으로 살아가기 위해서는
부지런히 움직여야 한다

실망하지 마라
실망하지 마라
하고자 하면 방법이 생기고
하기 싫으면 핑계가 생긴다

보아라 벌새를
아기 손가락보다 작지만
호시탐탐 노리는 포식자를 피해
동에 번쩍 서에 번쩍
1초에 아흔 번의 날갯짓

남과 같이 해서는 남보다 못한다

잠자지 말고 꿈꿔라

부지런히 움직여라

편지 4.
– 달팽이

달팽이 꿈을 꾸면

기다리던 일이 이루어진단다

네가 이룰 세상

달팽이가 바다를 건너듯

결코 우연한 일이 아니라

많은 땀으로 이뤘다고 외쳐라

세상일 하고자 하면 와우각상*이다
와려**라 할지라도
달팽이 눈***은 되지 마라
아무리 힘들어도 산더미만 한
집채를 등에 메고 살아가는
달팽이만 하겠느냐

벗아,
지금도 충분히 잘하고 있다 힘내자

* 와우각상(蝸牛角上) – 세상이 좁음을 이르는 말
** 와려(蝸廬) – 작고 초라한 집을 이르는 말
*** 달팽이 눈 – 핀잔을 받아 기운을 펴지 못함

편지 5.
– 허수아비

보아라
풍성한 가을 들판 지킴
말없이 잘한다

그저 흔들흔들하는 것 같지만
다 내려놓고
닷곱에 참녜 서 홉에 참견*도,
고추 먹은 소리 안 하고

뚜렷한
제 가치와 사명으로
자리 떠나지 않고
찾아오는 친구들을 맞는 것이다

콩콩거리는
가슴으로 늘 설레며…

*닷곱에 참녜 서 홉에 참견 – 쓸데없는 일에 간섭하는 것

편지 6.
− 게

아는 것도 중요하지만
실천은 인생의 큰 길이 된다
어영부영하다가는 어느 순간,
마파람에 게 눈 감추고
구럭까지 잃는다

'나는 바담 풍 해도
너는 바람 풍(風)'이라고
정작 본인은 게걸음하면서
남에게 똑바로 걸으라 하는 것은
눈물 나게 하는 것이다

시간에 대고 맹세하라
습관은 운명이 된다 벗아,
흔들리지 말고
네 핸들 네가 잡아라

편지 7.
- 풍선

잘난 척
아는 척하는
부푼 거드름

구멍은 깎을수록 커지는 것
까마귀가 열두 번 울어도
까옥 소리뿐이다

중독된 독버섯처럼
하늘을 오르다가 바람 빠지는
순간
그지없이 초라한 모습

긴 여정에 가장 먼저 버려야 할 것은
헛바람이니라

편지 8.
— 시계

벗아, 째깍째깍
해가 간다 사람이 간다

일생에 한 번쯤 칼 시각 붙잡고
독하게 승부를 걸어 보는 것도 보람찬 일
그 열매 또한 풍성할 것이다
날아간 새는 다시 올지라도
한 번 가 버린 시간 영원히 영원
어차피 할 일이라면 미루지 말라

일 못하는 것은 이해하지만
시간 아까운 줄 모르는 사람과는
동업하지 말라
미루면서 다음에 보자는 사람
무서울 것 없더라

편지 9.
— 흙

빚어 시작이요
죽어 마칠 귀착지
언제나 발아래 낮은 곳

아들아,
존재하는 누구나, 누구에게나
겸손해야 한다고

한 덩어리
사랑이요 생명의 터전
나눠야 한다고

돌아갈 고향
경외한 신의 걸작 앞
알고
늘 경배하라

편지 10.
– 연어

벗아, 대대로 내림
이게 우리인 것을

삶이란 독한 상처를
끌어안고 가는 것이라 무엇인가
깊이 넣어 두지 않으면 외롭고 슬프다

발가벗겨 뱃구레에 찔린 상처를 안고
오래전 떠나온 고향 이제,
옹골차게 돌아가리니
잘 살아야 한다는 목소리에
흘러 버린 시간들을 쥐어 잡고
다시 다짐한다

항상 뜨거워야 한다고
그곳이 저 앞이라고
늘 파닥거려야 한다고…

편지 11.
– 달

스스럼없이 마실 오는 친구를
정성껏 맞아들이되
먼 훗날
화근이 될 수 있는 속내는 다 펼치지 마라

피천득은 「인연」에서
'어리석은 사람은
인연을 만나도 몰라보고
알면서도 놓친다'고 했다

말로는 쉽지만
그리 쉽게 알 수 있겠느냐만
인생은 미완성 그림이다
완성된 줄 알고 모든 정을 다 줬다가는
큰코다치는 일이 생길 수도 있다

벗아,
늘 조용히
찬 듯 부족한 듯
밝은 듯 어두운 듯
겸손함을 닮아라

편지 12.
– 누에

벗아, 누에는
스스로 벽을 쌓는다 세상과
단절되는 줄 알면서도
자기만의 절대 고독으로
덕지덕지 낡은 세월을 버린다

고 스티브잡스 버금가는 CEO
미 아마존의 창업자 제프 베조스는
지혜롭지 않은 사람과 어울리기에는
인생이 너무 짧다고

친구가 재산이지만 다 친구는 아니다
끝까지 함께할 수 없을 때
무거운 짐 내려놓듯
잠깐 내려놓는 것도 지혜로운 일이다
별까지 가기엔 너무 멀기에…

편지 13.
— 거북

벗아,
사람은 늘 흔들리는 바람
근심 없는 사람 몇이나 있겠느냐

거북은 천적이 나타나면
몸 안으로 머리를 넣고
죽은 척 잠시 쉰다

열심히 하다가도 힘이 들면
정중동 해라
모든 일에는 숙성, 발효되는
창조적인 시간이 필요하다

조급해 마라
소낙비는 잠시 피하여 쉬고
다시 부드럽고 유순하게
가다 보면 길이 보일 것이다

편지 14.
− 국화

겨울이 없다면
어떻게 포옹의 따뜻함을 알며
무엇으로 봄꽃의 향기를 알겠는가

아무리 노력해도 선뜻
좋은 결과가 나오지 않는다고
좌절하지 마라,
괜찮아 지금까지 잘해 왔어
모든 일은 끝나야 끝나는 것

다들 봄, 여름
일찍이 꽃을 피우고 시들 무렵
느지막이 등장하는 멋스런 주인공
된서리에도 그 고고함
눈을 맞으며 피어 있다

아름답지 않느냐
보아라, 선수는 후반전
개선장군을…

편지 15.
– 누름돌

내 가슴에는 새까맣게 탄
돌 하나 있지

산다는 것은 아는 것도 아니요
모르는 것도 아니다

목이 긴 사슴도 눈망울 깜박이며
울고 싶을 때가 있을 것이다

나무도 뚜벅뚜벅 냇가에서
뼈까지 몰아치는
눈물을 닦고 싶을 때 있고

파리한 실핏줄 같은 기타도
회한에 떨고 싶을 때가 있을 것이다만
불불 끓는 불을 누르고 있는 것이다

오직 열매를 맺기 위해서
오직…

편지 16.
– 돼지

벗아
머리숱이 희끗해져 가니
후회되는 일도 많고
내 자신을 이해하고
용서해야 할 일이 많더라

세월의 흐름에
좀 더 아꼈으면 하는 아쉬운 것들
특히 금전과 시간들

허리띠를 졸라맬수록
돼지 배는 불러지게 된다
시간은 말할 것 없지만
쌀도 바닥 긁는 소리 나기 전에
아껴야 효율적이다

모든 것은 순간이다

지나가는 세월 잡고

탄식한들 무슨 소용이랴

있을 때 잘해라

편지 17.
– 도전

벗아,
지갑이 얇다고 기죽지 마라
나는 다락 논마지기*와
노처녀 볼기만 한 다랭이**로 칠 남매를 키우신
그 밑에서 자랐다

늦었다고 포기하지 마라
수수깡 울타리 너머로
교복 입은 벗들을 눈물로 보았다
겨우 중학교만 다녔고
스스로 느지막이 대학원을 마치니
육십 산이 가까이 있더라

---

* 마지기 – 1. 여기서는 약간의 그것을 뜻함
           2. 논 한 마지기 200평 밭 한 마지기 100평
** 다랭이 – 규모가 작은 밭

시간 없다고 변명하지 마라
나는 화장실에서 영어를 외웠고
아침 일찍 산에 오를 때는 한자를 익혔고
곧이어 도서관 앞자리에 섰다

환경을 탓하지 마라
하고자 하면 방법이 생기고
하기 싫으면 핑계가 생긴다
나는 연습지가 없어서 비료포대지에
잉크 대신 눈물로 썼다
노랗게 뛰어서 60분 기차 타고 30분 등교에도
장학금을 놓치지 않았다

벗은
무엇이 부족한가?
나보다 키 크고
나보다 힘세고
나보다 좋은 환경에서 잘 먹고 잘 자랐는데…

도전하라
극복하는 순간
세상은 너의 것
이것이 삶의 맛, 멋이니라

편지 18.
– 팽이

삶은

개척하며

이겨 내는 자의 것이다

세상이 아무리 돌고 돌려도

더 곧추서서 외쳐라

내 몸에 회초리 자국 북북 긋고

내 몫은 내가 할 것이라고

중심 잃지 않을 것이라고

자기를 잃으면 모든 것을 잃는다고

출렁이는 밤바다를 안고서라도

힘차게 살 것이라고

똑바로 살 것이라고

편지 19.
– 가난

벗아, 흙수저라고 원망 마라
여느 누가 부모를 골라 태어난다더냐

애플 창업자 스티브잡스는
한 끼니를 위해 10㎞ 걸어 예배에 참석했고
빈 병 팔아 입학한 대학, 신념 버리지 않는다고
6개월 만에 중퇴하고도 최고의 결정이었다고 했다지

빈민가 청년 월트 디즈니는 디즈니랜드를 세웠고,
버린 빵으로 배를 채우던 웨이터 조지 소로소는
20세기 최고의 펀드매니저가 되었다

가난은 잘못이 아니고
가난하게 사는 것이 잘못이다

보라! 가난해도 하늘은 볼 수 있다
그래도 서럽거든 가슴을 쳐라

편지 20.
― 길

벗아, 정녕 살아 있다는 것은 기적
어제 세상을 떠난 이들이 그토록 갈망한
터질 듯 이 벅찬 영광의 순간들을
난 함부로 버릴 수가 없었다

벗이 매캐한 담배 연기 속
빨갛게 충혈 된 토끼 눈으로 고스톱 칠 때
난 도서관에서 두 눈이 통통 붓도록 글을 읽었고
벗이 내기 당구로 휘청거릴 때
난 시화(詩畵)에 비틀거렸다

이렇게 벗과 다른 각도로
이삼십 년 걷다 보니
이제는 부러움의 대상이 돼 있다

벗아, 이 좋은 오늘이기에
더 좋은 오늘을 만들어 맑고 밝게 살자

편지 21.
– 뒷담화

벗아,
2013년 3월 13일 선출된
가톨릭교회 프란체스카 교황은 저서에서
'뒷담화만 하지 않아도 성인이 된다'고 했다

남의 말을 하는 것은
우선 비빔밥에 고추장과
참기름을 넣는 것처럼 입에 당길지 모르겠다만
그만큼 입에 많이 올리고 있다는 반증 아니겠니?

가깝다고 가볍게
다른 개성을 흉 삼아 말하면
당사자는 그것만으로도
깊은 상처, 큰 아픔을 겪을 것이다

말하기 전 세 번만 더 생각한다면
준성인은 되지 않을까

편지 22.
– 능력

벗아
많은 공부 못했다고 실망하지 마라

공부 못하면 망치질을 하면 되고
망치질을 못하면 고기를 잡고
고기를 못 잡으면 운전을 해도 좋다

누구나 모든 것을 다 잘할 수 없고
모든 것을 다 못할 수는 없는 것
지치고 힘들 때 이겨 낼 수 있는
기도를 잘하는 것도 큰 능력이다

힘들면 기도하라
"하느님 아버지~~" 하고…

편지 23.
– 진리

벗아,
하늘도 기분이 좋으면 푸르게 살랑살랑하다가
노(怒)하면 누르락붉으락 하고
슬프면 눈물을 흘린다
하물며 우리야 오죽하겠느냐

분노가 노(怒)하거들랑
진리가 자유케 한다고
두 주먹 불끈 쥐고 노(No)하라
정의가 살아 있다고
진실이 이긴다고
단단히 미(美)쳐라

/ 3부 /

그대는 꽃이다

그대는 꽃이다

빼꼼한 육교 난간을 붙잡고
배시시 민들레가 피었다

어쩌다가 천형을 살 듯
걷고 싶어도 걷지 못하고
눕고 싶어도 눕지 못하고

그래, 그대는 꽃이다
울지 마
나도 네 편
바람도 네 편이야
어깨를 내어 줄게 그냥 기대
다 잘될 거야

나가라

공허한 마음으로
신열을 앓을 때 움츠리지 말고
밖으로 나가라

눈이 오면 눈을 맞고
비가 오면 비를 맞고

혼자 방구석에서
푸른 멸치에 소주병 기울이며
먼지 낀 개똥철학을 독백하는 것도 좋지만

묵은 친구를 불러
서점이나 성당에도 들러 보고
모닥불 지피며
도란도란
그대 보고 싶었다고
꽃을 선물하며 고백하는 것도 좋겠다

눈이 되고 싶다

꿈 많은 사람은 첫사랑 같은
하얀 눈을 좋아한다

나는 황량한 도시를 떠나
나만의 눈이 되고 싶다

너와 나 서로 건널 수 없는 벽이라고 느낄 때는
가볍게 녹아내릴 솜사탕이 되고

입술 파랗게 떠는 이에게는
보송보송한 솜이불이 돼 주고 싶다

빵 한 조각이 그리워 가슴이 무너질 때
모락모락 하얀 밥이 되어
가던 길을 힘차게 걷게 하고 싶다

하얀 이 내놓고

하하 웃는 하얀 세상

너를 닮은 하얀 눈이 되고 싶다

언제 한번

친구야, 울컥
그립다
허물없이 울고 웃던 날들
못 잊을 절절한 보따리 풀고
언제 쉽사리
밥 한번 먹자

친구야, 문득
보고 싶다
세월만큼 간절한 날들
솜털처럼 작은 점이라도 있거들랑
지우개 옆에 놓고
언제 쉽사리
술 한번 하자

친구야,

쉽사리 만나

심장을 바꿔 달고

밥도 먹고 술도 먹자

모란시장에서

버겁거든
가파른 언덕길 넘고 돌아
모란시장에 와 보라

침 흘리는 개와 꽁지 빠진 닭
하얀 배를 뒤집고 흐느적거리는
물고기들을 보아라

그대, 아무리 힘들지라도 이보다 더 하느냐?

눈물도 뜨겁고 찬 것이 있으며
단청도 화려함 뒤에 어둔 그늘이 있다

질펀한 품바에 울고 웃으며
장 한 바퀴 돌고 나서 다진 마음
이제
굶주린 맹수들에게 있다 한들 무사하리라

세월 1

고향에서 농사짓는 깨복쟁이*가
자랑으로 침을 흘린다

"이 맛을 아냐? 겁나게 이뻐야
거시기 뭐냐
빵긋빵긋 징하게 미친다~!"

자기만 손자를 보았는가 싶어
어째야 쓸까 싶은데

시간은 잔인하게
그대만이 아닌
나에게도 많은 주름살을 주었다

아! 그 세월이라는 게…

---

* 깨복쟁이 - 옷을 다 벗은 허물없는 친구

세월 2

그 언젠가 어릴 적
서울에서 목포까지 12시간이 넘게 달리던 완행열차
지금에 이르러
수서발 목포행 에스알티(SRT)
두 시간 반
눈 깜박할 사이다

아~ 벌써
반세기쯤 흘렀나
그 추억

굽이굽이 물결치는 이랑
삶의 흔적 깊은 골만 늘어 간다
그 세월
빛보다 빠른 속도로구나

일찍이 타 버린 꽃

늑골이 부러지듯
유난히 빛나던 별똥별 하나가
갑자기 뚝 떨어지던 어젯밤
시리도록 사랑하는
후배의 소식에 먹먹한 가슴
못다 한 그리움이 솟구친다

"앗따~! 어쨌으까 그 친구
징하게 좋았는디
이제 한창 신나게 살 나인데
겁나게 아쉽당께
착하니깐 좋은 곳에 쓰려고 불려 갔을 것이구만"

너무 많은 것을 사랑해서
일찍이 타 버린 꽃
천상복락 안식하소서

아내를 위한 노래

애처롭게 바라봅니다
늘어만 가는 주름살과 멍든 목덜미

꽃다운 나이에 부족한 나를 만나
우윳빛 그 곱던 손이 수세미가 되었고
엎디어 견딘 지난 세월
온몸 덕지덕지 부황 자국 파랗구려
당신이 아프면 나도 아파진다오

근심 걱정 눈물짐 큰딸도 버거운데
유달리 영특하신 시어머니 모시는
칠 남매 큰 며느리라

이제는 걱정 마오
반듯한 아들과 고운 며느리가 있지 않소
앞으로 하늘이 주시는 남은 시간
행복하게 삽시다

바람에 부치는 편지

전라남도
무안군 일로읍 산정리 735

2017년 4월 1일
보리밭 은빛 물결 넘실거리고
뒷마당 감꽃이 만발하던 고향 집을 찾았다

어제 같은데
번개 같이 십수 년이 지났구나

그 빛 그 하늘 아래
감나무는 있던데

자식을 위해
묵주 알이 닳도록 기도하시던 당신은
아~! 이제 이 땅
어디에도 안 계시네

묘비명

시간이 아깝다
우는 것은
나중에

사람은
죽어서 이름을 남긴다고

결국
한순간에 지나가니

내 묘비명
'하늘을 사랑한 천주교신자
뜨거운 정해남(다두)'

우산

저 높은 산마루
태양이 머무는 곳을 향하여
뚜벅뚜벅 긴 여정

세찬 바람 불고
찬비로 헤맬 때

나보다 나를 더 사랑으로
괜찮다
괜찮다고
다시 일어서라고

온몸으로 묵묵히
어려움을 막아 주신 포근한 당신

그대 아닌 누가
지친 삶
휘몰아치는 바람
가슴 파고드는 슬픔
막아줬던가

_ 제1집 '별까지 걸어서' 중

보험

죽음은 언젠가 나에게도 주어지겠지만
뭉그적거려지는 죽음에는 두렵다

노후 대비해 투자는커녕
보험다운 보험 하나 없다

이제 잘 보이기 위해
청소는 물론 밥도 종종 해 놓는다

응당 미래를 담보하는 현실은
출혈이 있는 것
노후가 편하다는데
할 수만 있다면 즐겁게 하자

보험은 땀에 전
시계를 사는 것이다

여보게 친구

여보게 친구
바람도 쉬어 가는 양지바른 포구에서
잠시 짐을 풀세

갓 잡아 온 회에
쌈장 고추장 듬뿍 찍어 마늘 고추 넣고
손가락 휘휘 저어 한잔하세

서산 넘어가는 매운 것
입가에 묻으면 어떻고 옷에 묻으면 어떻소
거짓 없는 남은 세월
즐겁게 삽시다

아빠 찾아 삼만 리

머나먼 이국인이
갖은 고생을 하면서
가족을 찾아 한국을 오는
모 방송 아빠 찾아 삼만 리

나도 할 수만 있다면
꿈에라도 좋습니다

아름다운 여경 공주와
용감한 희원 왕자 안아 보시고
눈에 넣어도 아프지 않을
천사 은우도 업어 보시게

억만 리라도 찾아뵙고
귀여운 손주들을 안겨 드리고 싶다

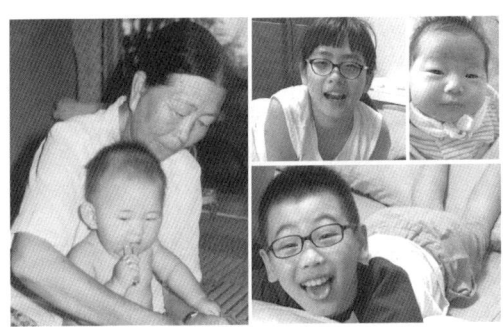

/ 4부 /

의젓하게 살자

의젓하게 살자

죽도록 사랑해서
죽어 버렸다는 말

죽도록 죽겠으면
그 죽을힘으로 열심히 살고
죽도록 지겨운
죽겠다는
이 말은 이만 뚝

그냥
온몸이 으스러지게
의젓하게 살자
죽겠어도

종은 울려야겠다

다시 못 올 오늘
잡아 두지 못하는 오늘

휴일이란 핑계로
춥다는 핑계로
꼼지락꼼지락

때로는 일탈이
생의 가장 아름다운 순간이 될 수 있다
안일로 생산하고
나태로 창조하며

그래도
종은 울려야겠다

도전

끝이 없을 것 같은 긴 터널
바늘귀 같은 햇살
한 줌에 힘을 얻고

할 수 있다는 생각에
불끈
다시금 두 주먹 쥐고

그래
일어나자

도전한다
나는
나에게…

청명

부지깽이를 거꾸로 놓아도
싹이 튼다는 청명

눈부신 목련처럼
청명한 미소는

나도
그대도
부드럽게
청명하게

비빔밥

남한산성 성지에 올라
산채비빔밥을 먹는다

앙증맞은 고사리와
속살 같은 도라지도 넣고
파릇한 쑥갓도 넣는다

배고픈 허기도 채우고
마음 고픈 외로움도 채우는

자기를 잃지 않고
자기를 버리는

고소한 기도를 넣어야
제맛

잡초

통행인구 빈번한 보도블록 틈새
오고 가는 발길에도
의연하게 피어난 푸르름

보아라 꿈의 소리
들어라 틈새 용기

누가 잡초(雜草)라 했는가
나도 풀이다
강초(强草)라 해다오

따로국밥을 먹으면서

홀로 성지순례를 하면서
'따로국밥'을 시켜 먹는다

그 어떤 여자는
뽕짝을 듣고 고기를 좋아하며
찜질방을 가곤 하는데

그 어떤 남자는
발라드를 즐기고 생선을 좋아하며
화실을 가곤 하면서

멀미나도록 출렁이며
따로 섞고 섞여
부부라는 맛을 낸다

자화상을 그리며

하얀 도화지를 앞에 두고
붓을 잡는다

보이지 않는 그림자를 설계하고
뒷마당을 그린다

빨주노초파남보
꽃무지개빛 뒷모습
나를 그린다

백내장 수술

수술대 위
두 눈
깜박거리는 빛을 따라

위로 보고
아래로 보고

인생살이
위도 보고
아래도 보고

못 본 척
안 본 척

두더지 게임

오줌 바가지는 다른 곳에서 쓰고

화풀이는
왜
나한테 하지?

못난 사람

그냥 즐겁게

"사랑을 하면 예뻐져요"
노랫말처럼
사랑을 하면

하늘도 나무도 예뻐집니다
가족도 친구도 예뻐집니다

한 오백 년 더 살고 싶도록
모든 것이 새롭게
모든 것이 신나게
모든 것이 예쁘게

사랑하기도 바쁜 시간
불평은 왜 하나

'또와' 집에서

바글바글 골목 길
'또와' 집에서

형님 아우 하는 벗들이
하하 호호 하면서
보글보글 매운탕을 시켜 놓고

이제는
부글부글 끓는 얘기
아 속 터진다

매운 입술을 다지면서
이러니까 다시는 안 마셔야지 하면서
'또와'를 또 오고 있다

이놈의 술~!

아트센터에서

푸른 생명으로 감성에 젖는
분당 아트센터
그림과 음악과 연극이

돌과
나무와
풀의 어우러짐 속에서
있다는 것은

나도 그 속에서 누군가에게
하나의 도움을 주고
공생해 가는
하느님의 위대한 조각품일 것이다

녹색 불

낭창낭창 외줄타기 인생
잠시 숨을 고르고
다시 힘차게 달려야 할 불

수많은 시행착오의 눈물
좌회전 길도 아니요
수단과 방법을 가리지 않고
적당히 잘되려는
우회전 길도 아니며

땀 흘린
한 걸음 한 걸음
오로지 직진이다

물빛 공원에서

광주시 중대동 물빛공원
이름도 곱다
고운 게 이뿐이랴

바람은 싱그럽게
햇살은 따사로이
풀도 곱게 꽃도 곱게

오리는 물에서
나무는 산에서
구름은 하늘에서

시기하지 않고
잘난 체 않고
함께하는 세상
이곳이 천국이다

빨래

왕년에 나도 금송아지 몇 마리
키워 보았지만 지금,

일곱 번씩 일흔 번도 더
뒤엉킨 몸으로
십자가보다 더 아픈 얼룩
뼈까지 씻어 내며
귀뚜라미처럼 이마 짓찧으며 운다

이미 흘러간 시간들
원죄마저 바람에 맡기며
다시금 놓고 싶지 않은 햇살에
이젠 포근히 안기고 싶다

껌 딱지

지금도 그러하듯

만약에
만약에 다시 태어난다 해도

그냥
딱 달라붙어 살겠다

징하도록
끈끈하게 사랑하면서

바람 미치는 곳까지

가노라 가면 가겠지

장 미셸 바스키야가
담장에 낙서를 하고 예술이라 했다 하듯
백남준이 망치로 피아노를 깨는 소리를
음악이라고 했다 하듯

원초적 감각에서 느끼는 환희를 위해
저당 잡힌 영혼까지 뒤흔드는 감성도
유리 깨는 용기도 아직 없다만

고독의 한구석을
회색 그리움으로도 못 채우는
저 하늘
바람 미치는 곳까지

가노라 가면 가겠지

/ 5부 /

나의 기도

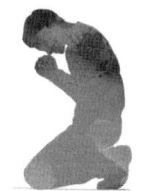

감사합니다

어떻게 기도할까
아무 생각 않고
그저 무릎 꿇으니

잔잔한 물결
평온한 바람

언제
어떠한 처지에 이른다 해도
감사합니다
감사합니다 이 말뿐

감사하게 하소서

지팡이에 의지
터벅터벅
더듬거리는 장님

푸른 하늘,
형형색색 꽃들을 볼 수 있는 두 눈
'사랑한다'는
엄마의 말을 들을 수 있는 두 귀
걷고 달리고,
안을 수 있는 두 손발 가지고도
불평, 불만했구나

부모님 감사합니다
하느님 감사합니다
더 뜨겁게 감사하게 하소서

아침 기도

화내지 않겠습니다
발길 닿는 곳마다
꽃밭이었으면 좋겠습니다

거짓말을 않겠습니다
만나는 사람마다
천사였으면 좋겠습니다

비교하지 않겠습니다
대하는 것마다
사랑이었으면 좋겠습니다

뜻 따라 걷게 하시고
너그러이 받아 주소서

어머니들이시여

수진동성당 인보의 집
자애로운 성모상 눈에 띄던 날
성남예술제 백일장 중학생 글
'어머니의 흰머리'가 생각난다

유일 창조주 하느님께서
당신을 또 만들 수 없어
당신 닮게 만드셨을 것이라는

어머니,
세상에 이보다 더
포근하게 응석부리고 싶은 이름은 없다

이 땅의 어머니들이시여,
축복받으소서

옛 신학교 순례 후기

아름답다
명동성당을 설계하신
코스트 신부님의 작품
사적 제255호
원효로 옛 용산 신학교

우쭐하지 않은 솟음과
비굴하지 않은 앉음에

단조로운 적벽돌과
정갈한 회색 기둥의 조화는
양보와 사랑이구나

교정의 해묵은 고목은
진리를 위해 내준
붉은 북소리 새남터를 바라보며
파릇파릇 당신의 싹을 키워 가겠지

까르르 해맑은
소녀들의 웃음소리 들으면서…

용서의 기도

지난 상처 잊게 하소서

미움도 아닌 것 미워했고
미움받아야 할 일도 아닌데
미움도 받았습니다
시기할 일도 아닌데 시기했고
질투할 일도 아닌데 질투도 했습니다

시기한 사람도
질투한 사람도
미워한 사람도 용서하소서

이런 나를 용서하소서

고백의 기도

차마 부끄러워
말하지 못했습니다

듣지 않아야 할 소리 듣고
보지 않아야 할 것들 보면서
이 세상 모든 것이
내 것만이 진실인 양
억지 쓰며 교만으로 살았습니다

부끄럽게도
당신을 믿은 것이 아니라
내가 본 것을 믿었고,
내가 들은 것을 믿었음을
이제야 고백합니다

영성체*

어릴 적 언덕 너머 큰 집
제사 모시러 가는
새카만 밤이 무서워
어머니 따라서 무작정
손을 모으니

어느새 보름달이 떠오르고
터벅거리는 발등
찔레 향 짙은 달빛 그림자는
어두움의 길잡이가 되고
두려움조차 기뻐 눈물로 안았다

---

* 영성체 – 미사 중 예수의 몸과 피를 받아 모시는 것

사랑하라

사랑하라

후덥지근한 6월
그늘 한 점 없는 교차로
수염 듬성듬성한 대머리 70대 할배
휠체어에서 타들어 가는 목소리로
선교지를 돌린다

사랑하라
사랑하라
사랑하라

아무리 강조해도 지나치지 않는
또 하나의 사랑이
땀에 젖어 전달되고 있었다

예수는 죄인

누명 썼다고요?
천만에요
분명 죄인이요

죄가 없는데
왜 발로 차이고
십자가에 못 박힌단 말이요
누가 그랬소?

내가 그랬소

날마다 말과 행위로 반복한 죄
나를 대신한 죄인이요

꽃동네

가진 것 송두리째 잃고
몸마저 병들어 버림받은 사람
얻어먹을 수만 있어도 은총이라는
걸인 성자 최귀동 할아버지

충북 음성 맹동면 인곡리
향기로운 꽃동네 가꾸는
천사 미소 봉사자
씨 뿌리는 사람들

사랑 꽃피우는
인간 사랑
더 멀리 더 넓게

점등

사무실 한구석
작은 빈자리에 트리 세우고

바라는 소망
이루게 하소서

지난 아픔 다 잊고
모든 것 사랑하게 하소서

하늘에는 영광, 땅에는 평화
365일 은총 가득
두 손 모으고
아멘 아멘 아멘

두통 오던 날

산다는 것은 고통 속에서
환희를 느끼는 것이라고

예수의 못 박힘
십자가 아래 울부짖는 성 마리아
신비로운
고통의 환희처럼

아프고 외로우셔도
눈물 보이지 않던 분

거두어 주소서
멈추게 하소서
아픔 없게 하소서

닮게 하소서

나쁜 것
안 좋은 것 멀리하고

당신 닮은
하늘 빛 고운 소리
새소리 달빛 소리
하하 호호 웃는 소리
따라 웃고 함께 웃고
같이 듣게 하소서

모든 생각 모든 행동
좋은 것만 보고 듣고
당신 닮게 하소서

징검다리의 기도

주여, 내가 알고 있는 세상
가볍게 보아 온 타인들의 삶이
서로 각기 다르다는 것을 알게 하소서
얼음장 아래 돌돌돌 흐르는 물에도
아픔이 있다는 것을 깨닫게 하소서

이쪽저쪽, 네 편 내 편
서로 꽁꽁 언 마음일 때
서로 넘나들어 소통으로 통하는
디딤돌이 되게 하소서
그리하여 마침내는
화합의 장을 이루게 하소서

개인 피정

발길 따라
추억 어린 상대원성당에 들렀다

돌이켜 보면
빛바랜 세월
숭숭 뚫린 시간들

마침 수녀님의 피아노 성가는
홀로 나만을 위한 피정이 되고

미움도
용서도 사치스런 단어

그래
다 놓자
버리자

바보 닮기

세상 미움 탈탈 털기
그래도 남은 찌꺼기는
보약 마시듯 원 샷

웃고 웃고 또 웃고
미움 꿀꺽

배려와 사랑으로
1일 1선

고 김수환 추기경
바보 닮기

맺음말

귓속말

산고(産苦)라 했던가
출산의 고통에 진저리나서
더 이상은 아이를 낳고 싶지 않다가도
키우는 재미에 맛 붙어
다시 아기를 낳는 심정일까요

1집, 2집을 출간할 때마다 느끼는 것은
아파서 약은 물론 링거도 맞으면서
또 제3집을 출간하게 되었습니다

출산 후의 맛 그 재미에
나는 이렇게
제3집 『오늘이 꽃이다』를 출간합니다

누이에게 편지를 쓰듯 편하고
노인들도 보기 쉽게
장황한 미사여구나 어려운 한자어를 피하고
천 사람이 읽는 것보다
한 사람의 가슴을 울리는 글을
하느님이 나를 통해 쓰고 있다는
자세로 준비했습니다

제1집 『별까지 걸어서』에서
'별'은 이상, 꿈, 희망, 사랑, 하늘 등을,
'걸어서'는 현실, 땅, 고통, 지상 등을 뜻합니다

사람은 태어나는 순간부터
울음의 연속이라고 해도 과언이 아니지만
때로는 울고 싶어도 그것마저 못할 때가 있습니다

다소 역설적이지만
우는 것도 행복, 눈물도 큰 은총 아닐까요

제2집 『그대는 꽃이다』에서는
우리 모두 꽃임을 이야기합니다
그 어떤 꽃이 이보다 더 예쁠까요

제3집 『오늘이 꽃이다』에는
내일이 아무리
꿈이 펼쳐지는 날이라고 하지만
오늘이 없으면 무슨 소용인가 하는 의미를 담았습니다

오늘이 있어 오늘이 참 좋습니다
오늘이 꽃입니다

감사합니다